RENSEIGNEMENTS

SUR

L'AFRIQUE CENTRALE

ET SUR UNE

NATION D'HOMMES A QUEUE

QUI S'Y TROUVERAIT.

Au dépôt des publications de la Librairie P. Bertrand,

CHEZ MM. TREUTTEL ET WÜRTZ , A STRASBOURG.

PARIS. — IMPRIMERIE DE L. MARTINET, RUE MIGNON, 2.

RENSEIGNEMENTS

SUR

L'AFRIQUE CENTRALE

ET SUR UNE

NATION D'HOMMES A QUEUE

QUI S'Y TROUVERAIT,

D'APRÈS

LE RAPPORT DES NÈGRES DU SOUDAN, ESCLAVES A BAHIA,

PAR

FRANCIS DE CASTELNAU.

A PARIS,

CHEZ P. BERTRAND, LIBRAIRE-ÉDITEUR,

RUE SAINT-ANDRÉ-DES-ARCS, 53.

1851.

RENSEIGNEMENTS

SUR

L'AFRIQUE CENTRALE

ET SUR UNE

NATION D'HOMMES A QUEUE

QUI S'Y TROUVERAIT.

Le petit travail que je soumets en ce moment au public se compose de renseignements que j'ai pu obtenir des nègres esclaves de Bahia. Peu après mon arrivée dans cette résidence, je ne tardai pas à remarquer que plusieurs d'entre eux savaient lire et écrire l'arabe et le libyque, et il me vint à la pensée que dans une telle multitude venue de tous les points de l'Afrique il devait se trouver quelques individus en état de me donner des renseignements sur les parties encore entièrement inconnues de ce vaste continent. J'obtins ainsi des itinéraires qui, bien que très incomplets, peuvent cependant présenter quelque intérêt à ceux qui s'occupent de la géographie de l'intérieur de l'Afrique.

Un de ces esclaves, Mahammah ou Manuel, était

surtout remarquable par son intelligence, et avait fait d'immenses voyages. Mes études de naturaliste me permirent plusieurs fois de contrôler ses récits, et je les avais toujours trouvés d'une grande exactitude, lorsqu'un jour il me parla des Niam-Niams ou *hommes à queue*, qu'il assurait avoir vus. Malgré mon incrédulité, il maintint ce fait et entra dans de minutieux détails. Par la suite, j'ai eu occasion de voir une douzaine de nègres du Soudan, qui tous prétendaient avoir vu des niam-niams ou avoir entendu parler de leur existence comme d'un fait hors de doute. Je n'attachais cependant que peu d'importance à ces déclarations, lorsqu'à mon retour en France, j'appris qu'un autre voyageur avait obtenu en Arabie des renseignements du même genre, et qu'il assurait même avoir vu un homme à queue. Dès lors, je pensais qu'il pouvait être de quelque utilité pour l'histoire de la race humaine, de publier les résultats de mes interrogatoires de Bahia, sans garantir, en aucune manière, l'exactitude d'un fait qui paraît même contraire aux principes zoologiques, car il est à remarquer que les singes les plus rapprochés de l'homme sont déjà privés de cet appendice ou ne l'ont que rudimentaire. Le naturaliste sait cependant que la théorie scientifique la plus plausible peut quelquefois se trouver renversée par une seule observation.

J'ai joint à ces notes quelques vocabulaires et les portraits des principales nations que l'esclavage conduit à Bahia, ainsi qu'une carte faite sur les seules indications de quelques noirs intelligents, qui m'indiquaient la position des lieux qu'ils avaient visités, en plaçant à terre des grains de maïs. Je n'ai pas besoin de dire combien un semblable travail est sujet à caution, et que je ne le donne que comme simple document.

Au premier aspect, les nègres amenés à Bahia appartiennent à une foule de tribus diverses, cependant un examen plus attentif les ramène à un petit nombre de nations distinctes :

1º Les Nagos, nom sous lequel on réunit une foule de tribus qui semblent liées par une sorte de pacte fédéral. Ces nègres forment probablement les neuf dixièmes des esclaves de Bahia, et se reconnaissent à trois profonds sillons transversaux tatoués sur chaque joue ; ils habitent toute la région qui s'étend entre le Dahomey et l'embouchure du Quarah (Niger). Ils sont presque tous embarqués à Onim (Eko) ou à Porto-Novo. Les gens de Yariba et de Yebous en font partie ;

2º Les Gèges ou Dahomeys, qui forment une nation puissante et ayant d'assez nombreux représentants à Bahia ; autrefois ils s'embarquaient à Whydah (Ajudah), mais aujourd'hui ils viennent pour la plupart par Porto-Novo ;

3º Les Gallinhas, qui viennent de la côte qui s'étend au sud de Sierra-Leone ; ils se désignent eux-mêmes sous le nom de Faigos. On leur réunit ici : 1º Les

Sherbros, qui habitent au nord dans le Bulum ; 2° les Coosous, qui viennent de l'intérieur ; 3° les Boochis du cap Monte, et 4° les Conoes qui, dans l'intérieur, s'étendent derrière tous ces peuples. On reconnaît en général les Gallinhas, par l'absence de tout tatouage sur la figure, ce qui leur donne l'aspect des nègres créoles. Il y a à Bahia, un assez grand nombre de Gallinhas, mais on n'en amène plus depuis quelques années, les Anglais ayant détruit les Barracons, qui étaient établis dans la rivière du même nom ;

4° Les Minas ; on désigne sous ce nom quelques esclaves de la côte d'Or, provenant de diverses localités ;

5° Les Borgos ou Bargous, dont le pays s'étend à l'ouest du Quarah, à peu près du neuvième au onzième degré de latitude ;

6° Les Tapas, dont le pays est connu sous le nom de Nouffie ; ils s'étendent sur la rive orientale du Quarah, en face du pays de Borgo, mais moins loin vers le nord et plus vers le sud ;

7° Les Angols ou Congos, fort peu nombreux à Bahia, de même que les Mozambiques, mais qui forment ensemble la grande masse des esclaves de Rio ;

8° Les Haoussas, nom sous lequel on confond tous les noirs provenant des parties centrales du continent, telles que le Bernou, le pays d'Adamah, etc. La plupart de ces peuples sont effectivement tributaires du sultan d'Haoussa. En général, ces noirs sont bien supérieurs, sous le rapport du développement intellectuel, aux nègres de la côte ; il sont aussi doués d'une grande force corporelle, mais en général ils montrent moins de soumission et de résignation à leur position de captivité que les Nagos. La plupart sont employés à Bahia comme nègres de palanquin (cadeira). Ces noirs, toujours en hostilité contre les peuples voisins, qu'ils cherchent à réduire en esclavage, ont tous été prisonniers de guerre ; aussi, bien qu'ils soient assez nombreux à Bahia, il est au contraire très rare d'y rencontrer des femmes de leur nation. Ils viennent à peu près tous par la voie d'Onim.

9° Enfin, les Filanis, Foulahs ou Foullatahs, descendent des anciens Égyptiens, et qui furent probablement dans l'origine des Métis de la race rouge et de la variété noire, de même que les habitants de Madagascar, etc. Ce sont les conquérants de l'Afrique centrale. Ils exercent, même en captivité, beaucoup d'influence sur les nègres. Il est rare qu'ils se laissent emmener en captivité, et presque toujours ils se font tuer sur le champ de bataille ; aussi sont-ils en très petit nombre à Bahia. Tous savent lire et écrire ; ce sont des musulmans intolérants et vindicatifs.

MAHAMMAH, a Haoussa; MANUEL, a Bahia.

Mahammah est né à Kano, grande ville bâtie en terre, où les maisons n'ont qu'un rez-de-chaussée, sauf celle du chef qui a seule un étage. Il n'y a pas de ville du nom de Haoussa qui ne s'applique qu'au pays. Le roi ou sultan d'Haoussa vit à Socoto. Le chef de Kano est sous ses ordres ; cependant la dernière de ces villes est plus considérable que la capitale ; on va de l'une à l'autre en huit jours. A l'est de Kano se trouvent Booché, Schirah, Napada, Tachina, Goujoubah, Bernou, Santamboué, le grand lac de Tchad, Adamah, Guambey, Quararapah, Quiana, Aouai, ensuite le pays des Niam-Niams (terre de gens sauvages et anthropophages ayant une queue). Au delà de ces déserts Mahammah ne sait ce qui s'y trouve. Tous ces noms s'appliquent à des villes, et le plus souvent aussi aux pays qui les entourent. Au sud est Kano, et à deux ou trois journées de marche est située Zozo, grande ville, également connue sous le nom de Zaria.

Près de Socoto et à deux journées, se rencontrent la grande ville de Zampara, à six journées Daourah, à cinq journées Dacourawah, plus en avant Dongah, à l'ouest Bounousa, Oga, Cambary, Goumna (grande ville), Taquina ; ensuite l'on entre dans le pays des Tapas, qui est traversé par le Quarah, et où s'élèvent les villes de Guargi (sur le fleuve), Ega, Ladcy, etc.

Du nord il vient des hommes blancs, mais habillés

différemment que les chrétiens (maures); on leur donne le nom de Benisaqui ou celui de Boturas (blancs).

Il y a à l'ouest un roi qui fait la guerre à tout le reste de Haoussa ; on lui donne le nom de Dammari et son pays porte celui de Mariadi.

Le sultan actuel de Socoto se nomme Ali (quelques esclaves m'ont semblé prononcer Alio); il est frère d'Atico qui était fils de Bello, lequel était lui-même fils d'Osman, fondateur de la dynastie des Filanis. Avant l'arrivée de ces derniers le pays d'Haoussa était divisé en un grand nombre de gouvernements particuliers. La population d'Haoussa est composée de deux races : 1° Les Filanis ou Fellatahs, race conquérante et d'un brun rouge, et 2° la masse du peuple qui est de la race nègre, bien que d'un rameau beaucoup plus intelligent que les peuples de la côte.

Le chef de Kano se nomme Dabo, il est Filani ainsi que tous les chefs et les généraux. Ce sont les noirs qui travaillent à la terre ; du reste, il n'y a pas de différence entre eux, et ils se marient les uns avec les autres.

Tous les gens de Haoussa sont libres; leurs esclaves viennent d'autres terres et surtout d'Adamah; ceux-ci vont nus et sont regardés comme des sauvages. La capitale du pays d'Adamah se nomme Coincha; c'est une grande ville située sur une belle rivière qui va au lac de Tchad? Il y a dans le pays beaucoup de lacs salés.

Il n'y a pas de pays Malel (ainsi qu'il en est indiqué sur quelques cartes), mais on désigne sous le nom de Malais tous les infidèles, c'est-à-dire tous ceux qui ne sont pas mahométans.

Il se trouve au sud de Kano et de Bernou, une grande rivière salée qui circule à l'est du pays d'Ergoum ; elle se nomme Coguiquararapa et coule vers l'ouest. Tout auprès et à une heure de marche, se trouve une autre rivière plus petite, d'eau douce qui coule dans le sens opposé, c'est-à-dire vers l'est : il faut deux heures pour traverser la rivière salée, et sur ses bords on récolte du sel.

Le lac de Tchad reçoit beaucoup de rivières, entre autres celles de : 1° Coguensaqua, qui est considérable et passe à Kano; elle a des chutes; elle traverse aussi Guambay, Golo, Douqou, Navada, Goujoubah, puis se jette dans le lac de Tchad.

2° Dulumé, grande rivière remplie de cascades ; elle traverse des forêts et ne passe par aucune grande ville ; elle vient du sud-ouest.

3° Gualo, très grande rivière remplie de crocodiles (Cada) et d'hippopotames (Dorina); elle vient du sud-est, prend sa source dans des montagnes élevées, et passe par le pays des Niam-Niams.

4° Pano, qui passe par Wangara et se jette dans le Dulumé.

Des divers lieux marqués sur les cartes anglaises, comme se trouvant sur le lac de Tchad, Mahammah ne reconnaît que le nom de Woodie.

Dans tout le pays d'Haoussa, il y a des éléphants (Guiwas) que l'on tue à coups de zagaie ; les dents sont envoyées à la côte et l'on ne recherche dans le pays que la queue, dont on fait des ornements que l'on porte au cou, etc.

Manuel a fait une expédition contre les Niam-Niams sous les ordres du sultan de Kano. Les Haoussas étaient en grand nombre, la plupart à cheval ; il était lui-même dans ce cas et avait deux esclaves pour le servir. En partant de Kano ils allèrent coucher à la petite ville de Dawaki, le lendemain à Gorgo qui n'est qu'un village, puis à Dandaka (*id.*), puis à Codobouda (*id.*), puis à Kila (*id.*), puis à Guavao (*id.*), puis à Zagaina (*id.*), ensuite à Digaï (petite ville). Ils campèrent la nuit suivante, puis ils dormirent successivement à Triouna (village), Zala (*id.*), Booché, très grande ville peuplée de nègres et de Filanis, ensuite à Gourzoum, grande ville sur une belle rivière qui va au lac de Tchad, puis à Zungur (village) toujours sur la même rivière ; ensuite à Ouasay, assez gros village qui n'est sur aucune rivière. L'on entre alors dans une forêt très grande et très épaisse qui porte le nom de Lanchandon (jusque-là le pays avait été bien habité) ; ici l'on trouve des chameaux sauvages que Manuel nomme lagomi-dawa, et qu'il dit ne différer en rien des chameaux domestiques (lagomis), ni pour la forme, ni pour la couleur ; seulement il assure que les sauvages sont plus grands et vont par paires ; ils sont très nombreux et leur chair est fort bonne à manger (1). Dans ces bois on rencontre aussi beaucoup d'éléphants (guiwas), des girafes (baunas); ce dernier animal s'enfuit ordinairement à l'approche de l'homme; cependant, quand une femelle a un petit, elle le place entre ses jambes de devant et le défend jusqu'à la mort.

Il y a encore, dans ces lieux, un autre animal (guaqui) qui est peut-être le gnou; il y en a de différentes couleurs; il a sur la tête des cornes de près d'un demi-mètre de long, il est plus grand qu'un cheval; son corps est très trapu et il a une crinière; il est très sauvage et dangereux.

Le lion (zaaqui) est fort commun, mais il n'attaque pas les voyageurs si on le laisse tranquille; il n'en est pas de même des tigres, dont il y a trois espèces : 1° Le zaara, très grande panthère; 2° le coura; 3° le damousa, qui est le plus petit de tous. Il y a aussi des chats sauvages (wawansarqui) qui ne sortent que la nuit.

Manuel parle, en outre, d'un animal d'énorme dimension (marili) qui me semble être le rhinocéros; il n'a qu'une corne mais il atteint quelque fois près d'un mètre de long. C'est un animal très dangereux et dont le pied est fourchu comme celui du bœuf; il

(1) Cuvier croit, d'après Pallas, qu'il existe des chameaux sauvages dans les déserts de la Tartarie. Mais le Père Gabet, qui a résidé dix années dans ces régions, m'a assuré qu'il y avait erreur à cet égard. Bien que l'on ait cherché à prouver le contraire, l'Afrique serait-elle la patrie du chameau ? Le fait paraît probable.

se nourrit d'herbes ; il combat l'éléphant et en général le terrasse.

L'expédition Haoussa dormit neuf nuits dans ces vastes forêts ; plusieurs fois il fut nécessaire d'ouvrir le chemin pour faire passer les chevaux. Pendant ce temps on vit beaucoup d'animaux, mais pas un homme. En sortant du bois, on commença à escalader de hautes montagnes, et peu de jours après on aperçut une bande des sauvages Niam-Niams. Ces gens dormaient au soleil ; les Haoussas s'en approchèrent sans bruit et les massacrèrent jusqu'au dernier ; ils avaient tous des queues d'environ quarante centimètres de long et qui pouvaient en avoir de deux à trois de diamètre ; cet organe est lisse ; parmi les cadavres se trouvaient ceux de plusieurs femmes qui étaient conformées de la même manière ; du reste ces gens étaient semblables aux autres nègres ; ils étaient absolument nus. Les jours suivants, l'expédition rencontra plusieurs autres bandes qui eurent le même sort ; l'une était occupée à manger de la chair humaine et les têtes de trois hommes rôtissaient encore au feu, suspendues à des perches enfoncées en terre. Manuel faisait partie de l'avant-garde et a vu tuer beaucoup de ces gens ; il a examiné les cadavres, mesuré les queues, et il ne peut concevoir aucun doute relativement à leur existence.

Les Haoussas restèrent six mois à parcourir et à ravager le pays. Toute la contrée est couverte de roches très élevées. La plupart des Niam-Niams vivent dans des trous de roche, mais quelques uns se construisent de misérables cahuttes de paille. Plusieurs fois les Haoussas furent attaqués par ces sauvages et ils en tuèrent un grand nombre; ces gens sont d'un noir obscur et leurs dents sont limées; leur corps n'est pas tatoué; ils obtiennent du feu au moyen d'une pierre que l'on trouve dans le pays (le silex?). Ils se servent de massues, de flèches et de zagaies; à la guerre ils poussent des cris aigus. Ils cultivent du riz, du maïs et d'autres grains et fruits inconnus aux Haoussas; ce sont de beaux hommes; leurs cheveux sont crépus.

Les Haoussas traversèrent plusieurs cours d'eau peu considérables, qu'ils supposèrent devoir se diriger vers le lac de Tchad.

Le chef des Niam-Niams demanda grâce, mais le roi de Kano fit tuer tous ceux que l'on prit, *parce qu'ils avaient des queues*, et qu'il supposait que personne ne voudrait acheter de semblables esclaves.

Les Niam-Niams ont de petits bœufs sans cornes et des chèvres de grande dimension, ainsi que des moutons.

L'expédition revint par la même route. Les gens de Haoussa avaient entendu parler d'hommes à queue, mais ils doutaient jusque là du fait et le but de l'expédition était de s'en assurer.

Nous avons parlé de Ouasay. Au retour l'expédition s'y arrêta pour se diriger vers d'autres anthropophages que l'on voulait réduire en esclavage. Les Haoussas donnent également à ceux-ci le nom de Niam-Niams, bien qu'ils n'aient pas de queue. A une journée du village ils les trouvèrent; les hommes étaient entièrement nus, mais les femmes avaient une feuille attachée autour du corps. Les Haoussas se placèrent en embuscade, et l'un d'entre eux entra dans le village et se présenta à la porte d'une des maisons pour demander à boire; mais les sauvages le tuèrent à coups de massue et se mirent aussitôt à découper son corps pour le faire cuire. L'expédition sortit alors de sa retraite et s'élança sur le village, dont les habitants furent emmenés en esclavage ; ceux de la maison précitée furent conduits devant le sultan, qui leur fit aussitôt couper la tête.

Toutes les rivières que Manuel a vues dans cette région de l'Afrique lui ont semblé couler, les unes vers la mer par le Quarah, et les autres vers le lac de Tchad. La rivière qui passe à Socoto est petite et tombe dans le Cadouna, qui se réunit au Quarah.

Manuel a fait un voyage au pays de Bernou; il était à pied et portait une charge sur la tête. Le sol des premières journées est très sablonneux. En partant de Kano, il alla dormir à Damadan, puis au village de Ho, puis à Gariramata (village), puis à Konkoso (village); on entre ensuite dans une grande forêt que l'on parcourt toute la journée, et où l'on passe la nuit; on en sort le lendemain vers le milieu du jour pour entrer dans un désert de sable. Le jour suivant il dormit au village de Dago, puis à Bayancaya, grande ville sur une belle rivière qui coule vers le lac de Tchad ; la nuit d'après il atteignit Darazo, ville assez grande et auprès de laquelle se trouvent des sortes do marais couverts de terre, dans lesquels les hommes et les animaux disparaissent s'ils ont le malheur d'y tomber. Le jour suivant le conduisit à Tombi, très grande ville entourée de pâturages, et qui est sur une grande rivière qui traverse des salines et dont l'eau est imprégnée de sel. Ce cours d'eau se dirige également vers le grand lac de Tchad ; il forme des cascades. La nuit suivante il fut à Catécaté, qui est une petite ville située dans les sables ; ensuite on eut à dormir dans un grand bois formé d'un arbre appelé tannai ; puis à Kisan petit village, ensuite à Basenné, également un village. La nuit suivante se passa dans un petit établissement de Filanis, situé au milieu d'un bois ; l'autre à Gellawa, grande ville où l'on voit des puits d'une très grande profondeur. Le lendemain soir on atteignit Cucaiva, très grande ville, plus grande même que Socoto et où l'on trouve beaucoup de chevaux, de bœufs, etc. Bernou, sur le territoire duquel on était alors, dépend de Socoto ; une journée de plus conduit le voyageur à Naphada, grande ville et rivière ; une autre à une ville considérable dont le nom échappe à Manuel ; la suivante, à Ujuba, grande ville et rivière ; et une dernière enfin à Cucawa, ville fort considérable où réside le roi de Bernou. Au retour il suivit la même route.

Manuel a également fait un voyage à Agadass. Il y a deux routes : l'une passe par Katchina, mais celle qu'il a suivie coupe vers l'ouest ; elle est dans des sables profonds. Il a mis de quinze à vingt jours à faire le voyage dont voici l'itinéraire : 1ᵉʳ jour, de Kano au petit village de Godiah ; 2ᵉ jour, à la petite ville de Rimingado ; 3ᵉ jour, à Cabo, assez grande ville sur une petite rivière qui se dirige vers le Tchad ; 4ᵉ jour, à Booda, village ; 5ᵉ jour, à Massanava, village sur un ruisseau ; 6ᵉ jour, à Kilrou, village ; on entre ensuite dans un grand désert aride, et l'on est obligé de porter de l'eau sur les chameaux pour sept jours ; le 17ᵉ ou le 18ᵉ jour de voyage, on arrive à Agadass. Quelques heures (deux ou trois) avant d'atteindre cette ville, on rencontre un étang qui peut avoir une demi-lieue de long, et qui contient beaucoup de grandes tortues. Agadass est une grande ville ; les habitants n'y boivent que de l'eau de puits ; il y a dans les environs de l'herbe, des pâturages, des arbres, des troupeaux de bœufs et de chèvres, etc. Les habitants sont d'un brun jaune.

Manuel resta un mois à Agadass ; il entendit dire qu'Asben n'était qu'à sept ou huit jours de marche. Il a fait un voyage sur la route de Kabra jusqu'à Bébejé ; mais cette ville de Kabra ne paraît pas être la même que celle qui est indiquée sur les cartes comme étant le port de Tombouctou, car Manuel n'a aucune connaissance de ce dernier nom. Il donne l'itinéraire suivant comme étant suivi très fréquemment dans le pays : 1° De Kano, on va dormir au petit village de Concoso ; 2° à Cura, également petit village ; 3° à celui de Mondobi ; 4° à la ville de Bebejé (que d'autres itinéraires placent à six jours de Kano). Le roi a le monopole des bœufs ; il y a, dans les bois auprès de la ville, beaucoup de cochons, mais on ne les mange pas, de même que dans tout le Soudan ; il y a aussi des marais dans cette région. 5° Guachinbuana, village situé à quelques heures à l'est du Quarah que l'on traverse ensuite. On voyage pendant six jours dans d'immenses forêts dont le sol est sablonneux, et le douzième jour on arrive à Kawan, petite ville sur un gros ruisseau ; le lendemain on peut atteindre Kabra grande ville située sur une rivière.

De Kano on va à Wangara en huit jours, par une vaste plaine de sable ayant quelques pâturages. Wangara est une très grande ville : 1° De Kano à Panisco, village où le roi des Haoussas fait, en temps de guerre, déployer son pavillon qui, d'après Manuel, est notre drapeau tricolore ; 2° à Tanja, dans les bois et au milieu de grandes roches remplies de panthères, etc. : on dort dans le bois ; 3° au village de Karou, et ensuite deux jours (4 et 5) dans un bois. On traversa les jours suivants (6 et 7) une contrée couverte de prairies et de flaques d'eau pour atteindre le lendemain de bonne heure à Wangara. Il y a en cet endroit une grande rivière du nom de Pano, qui va au lac de Tchad par le Dulumé, mais il n'existe pas de lac du nom de Wangara.

On dit que les habitants de Wangara se rendent en douze jours, ou plutôt douze nuits, au lac de Tchad : ils choisissent cette manière de voyager sans doute pour éviter la chaleur, mais aussi par crainte (probablement superstitieuse) d'un oiseau gigantesque qui attaque et dévore les voyageurs pendant le jour, et dont la dimension égale, dit-on, celle d'une maison d'Haoussa. Manuel n'en a jamais vu, mais beaucoup de ses compatriotes lui en ont parlé, et il croit à son existence.

C'est à Kano même que Manuel a vu un blanc pour la première fois, mais il portait le costume oriental (égyptien ou tripolitain?). Des gens de cette couleur viennent quelquefois deux ou trois ensemble; ils ont la barbe longue et sont des fidèles (mahométans) : on les nomme Toura-wa. Ils viennent de l'est.

Ce fut à Rabah, ville située sur le Quarah (Niger), qu'il vit pour la première fois des blancs habillés à l'européenne. Ils étaient sur un grand bâtiment, et l'eau n'étant pas assez profonde pour leur permettre de redescendre le fleuve, ils restèrent environ un mois, puis revinrent l'année suivante. Ils étaient très nombreux, faisaient le commerce et recueillaient beaucoup de renseignements sur le pays; quelques uns d'entre eux cherchaient des oiseaux et des insectes : la deuxième fois ils ne restèrent qu'une quinzaine de jours. Il y a huit ans de ce voyage (vers 1842 ou 1843) (1); la ville a été depuis dévastée et presque détruite par une guerre terrible; il n'a plus revu de blancs qu'à Eko (Onim) où il a été vendu.

Manuel fut fait esclave à Bargou, dans une expédition militaire contre ce pays. Pour s'y rendre il suivit l'itinéraire suivant : 1er jour, de Kano à Kopa (village); 2e, au village de Kouqui; 3e, dormi dans les bois; 4e, à Zozo; 5e, à Caraguay (village); 6e, au village de Rouca; 7e, au village de Carou (une petite rivière qui va à l'est); 8e, à Uchuba (village sur un ruisseau); 9e, à la ville de Congoma; 10e, à Goumna (grande ville); 11e, au village de Taquina; 12e, au village de Jangaro; 13e, à Garinguari, sur le sommet de roches élevées, dans les bois; 14e, à Jiguy, village sur la Quarah au-dessus de Rabah : il y traversa le fleuve; 15e, à Charaqui, sur la rive opposée, mais plus bas, ils pénétrèrent alors dans un grand bois et tombèrent bientôt après dans une embuscade que leur avaient tendue les Bargawas (gens de Bargou). La plupart des compagnons de Manuel furent tués; il allait s'échapper lorsque son cheval s'abattit, percé d'une flèche au poitrail, et aussitôt on lui lia les bras. Il fut de cette

(1) Je suppose que Manuel a rencontré *l'Éthiopie*, commandé par le capitaine Bancrott, qui pénétra jusqu'à Rabah et un peu au-dessus; mais alors il y aurait une légère erreur de date, car ce voyage est de 1840. Aucune des expéditions subséquentes n'a remonté le Quarah aussi haut.

manière conduit à Illory, qui n'est qu'à une journée de marche du Quarah. Le lendemain on alla à Agoua-macho, grande ville des Nagos, auxquels il fut vendu ; il y resta quelque temps, puis on le fit voyager pendant quatre nuits pour atteindre Abaicouto, autre grande ville des Nagos ; ils s'embarquèrent sur une rivière appelée Lododoudo (1), qui en trois jours les conduisit à Guebo (Yebou ?), où il fut acheté par des gens d'Eko, qu'ils atteignirent le même soir. Cette ville est connue des Brésiliens sous le nom d'Onim ; elle est située dans la rivière de Lagos.

Dans des interrogatoires subséquents Manuel donna encore les renseignements suivants :

Ammon, Gerey et Peti sont des villages placés sur le sommet d'un plateau très élevé ; il n'y a, pour parvenir jusqu'à eux, qu'un étroit sentier taillé dans les roches et que les habitants détruisirent lorsque les Haoussás voulurent envahir leur pays ; ils sont ainsi restés indépendants. Les gens d'Ammon sont anthropophages et tuent tous ceux qu'ils rencontrent sur les routes ; mais une fois que des étrangers parviennent chez eux, ils les reçoivent et les traitent avec hospitalité.

Manuel a fait un voyage au pays d'Adamah : 1° De Booché à Miri (village sur une petite rivière) ; 2° halte

---

(1) Cette rivière paraît être celle qui est indiquée sous le nom d'O-chou sur la carte du golfe de Benin, qui accompagne l'ouvrage de M. Bouët-Villaumez : *Description nautique des côtes de l'Afrique occidentale.*

de nuit dans les bois, au pied d'une montagne ; 3° à Mantol ; 4° à Mina-Boctara, grande ville sur une petite rivière : elle est encore située au pied d'une montagne ou, suivant Manuel, d'un grand mur de roche ; 5° à Chali ; 6° à un autre village dans un bois ; 7° à la petite ville de Coundoum ; 8° à un village ; 9° à Booli, grande ville au pied d'une très haute muraille de roche, sur laquelle il pleut tous les jours ; 10° à Bolou, toujours au pied de la muraille de roche. On entre en suite dans la région boisée de Lanchandon, que l'on traverse en quatre jours ; puis pendant trois à quatre autres jours on ne rencontre que des cahuttes dispersées çà et là, et l'on arrive après (vers le 19° jour) à Cuancha, résidence du chef, qui est un marabout et se nomme Mandibou-Adamah. La ville est fort grande. Manuel a été à cinq jours plus en avant : à 3 jours 1/2 de marche, il trouva un grand lac rempli de coquilles fluviatiles ; ce lac porte le nom de Jurara. Les gens d'Adamah ne portent d'autres vêtements qu'une peau de mouton qu'ils s'attachent autour du corps.

Manuel a aussi fait un voyage à Oé ou Aouai, où il y a des salines : 1° De Kano à Dawaqui, village ; 2° à Sacua, village où l'on passe la rivière Coquinsaqua ; 3° à la ville de Quarco ; 4° à Boché, village ; 5° à la petite ville de Tacay ; 6° à Andaca, village ; 7° à Gaya, village ; 8° à Douichi, village (il y a un ruisseau qui va au lac de Tchad) ; 9° à Coudouboda, gros village ; 10° à Aquila, id. ; 11° à Guaran, gros village où passe

une belle rivière (Logan) qui va au Tchad; 12° à Zagaina, village; 13° à Gaidoa, village; 14° à Zama, village et ruisseau; 15° à Bozum, village; 16° à Zorou,
village; 17° à Trouan, village; 18° à Booché, grande
ville sur une petite rivière qui va au lac de Tchad;
19° à Zungun, village; 20° à Djungum, village;
21° dormi dans les bois, passé un ruisseau; 22° à Na-
chandan, village; 23° Oisay, village sur la rivière de
Papou qui va au Tchad; 24° à 28° dans des bois à la
sortie desquels se trouve une plaine où est la ville
d'Oé. Dans les bois dont nous venons de parler, Manuel dit qu'il fut attaqué par un énorme serpent appelé Meesa qui avale des bœufs, etc., et qui, d'après
sa description, aurait eu plus de 10 à 12 mètres de
long (sans doute une espèce de Python) : il resta toute
la nuit caché dans les branches d'un arbre, par suite
de la crainte que lui inspirait ce serpent. Une autre
fois il trouva des œufs du Meesa : ils étaient au nombre
de sept, de forme ovalaire, et pouvaient avoir trente
centimètres de long ; ils étaient réunis dans un trou
au milieu d'un bois épais. Oé est une très grande
ville. Manuel y acheta une charge de sel qu'il retourna vendre à Kano, en suivant le même chemin.
Il rapporta aussi beaucoup de plumes d'autruche
(Jimina). Cet oiseau, du reste, se trouve dans tout le
Soudan ; on n'en mange pas la chair, mais on recherche les plumes pour les envoyer vendre à la côte.

BRAZ, a bahia; ADAM, a haoussa.

De Zozo, grande ville capitale du pays de Zaría (Zeg-zeg? des voyageurs anglais). Le roi se nomme Wembey et appartient à la race des Filanis. Braz a fait la guerre contre Dammari et Guari, qui sont aussi Haoussas, mais s'étaient révoltés contre le sultan de Socoto. Il a été à Zampara, à six journées de Zozo : c'est une très grande ville du pays d'Haoussa ; il y a beaucoup de bœufs et de chameaux (Lagomis). Il a été en outre à Ournou, qui est à cinq jours au delà de Zampara : c'est une ville considérable située dans une région de plaines et de pâturages ; cependant il n'y a pas de cours d'eau, mais seulement des puits. Zampara est situé sur la rivière de Louandadé, qui est grande et va se jeter dans le Quarah.

Braz a été à Boubanzoré, du côté de Zozo, à six jours : c'est un petit village dans les bois ; le climat est frais, on y cultive beaucoup d'inams. Il a aussi fait une excursion à Toto, à huit journées à l'ouest de Zozo : c'est une grande ville dont les environs produisent beaucoup de maïs ; il n'y a pas de rivière ; on y voit beaucoup de fusils qui viennent de la côte.

Il a été pris à la guerre. Il était à cheval et faisait une campagne contre le pays de Tiranca, il a été fait prisonnier à une journée au delà de Quercy ; il fut, ainsi que plusieurs de ses compagnons, surpris pendant leur sommeil, par les Ayaguis (Nagos) qui en huit jours le conduisirent à Ilory (Alory de la carte Bouët), qui est à dix journées de marche de la côte. Pour s'y rendre ils passèrent par Dazoba (pays des Tapas), Yangarou, Abonou, Janouah, Caraca, Briff, Qüiji où il s'est embarqué sur une rivière qui, en quelques heures de descente, le conduisit à Ilory. De cette ville il atteignit Eko en dix jours, en passant par Yabou (Yebou) ; c'est à Eko qu'il a vu un blanc pour la première fois, mais il avait vu auparavant des Maures d'Asben qu'il nomme Boturas ou Boni-Saqui.

A Dazaba, passe une grande rivière qui est un tributaire du Quarah.

Il a entendu dans son pays parler des Niam-Niams comme ayant une queue, mais il n'en a jamais vu. Il y a au pays d'Haoussa deux grandes rivières : 1° le Quarah, et 2° la Cadouna, qui se jette dans le premier. La Cadouna prend sa source sur des montagnes très élevées, situées au sud (les monts dits de la Lune ?), passe à Péti (du côté gauche), Lucuba, id., Ammon, id., Chawa, id. (il y a un ruisseau appelé Jarou), Zangoucatap (droit), Gamtam (droit), Corombri (droit), Djeré (gauche), Tooto (droit), Zozo (gauche, en face du précédent), Bouzaourai (droit), Gouviwakai (gauche), Guargi (gauche), Acarai (droit); à deux heures plus bas, cette rivière se réunit au Quarah, à Gigui.

Zozo est situé au partage des eaux du Quarah, est du Tchad, car tout auprès passe le Copimwambay, petite rivière qui va à ce lac et qu'on peut descendre ordinairement en douze jours et en six dans les grandes eaux. Cette dernière rivière est aussi connue sous les noms de Wimbey et de Conquinsaqua. Elle passe par Kano.

Katchina est situé à six ou huit journées de Zozo, dans une région de plaines sablonneuses offrant de nombreux puits. Il passe par Katchina une petite rivière du nom de Seddiko qui se perd dans les sables.

Dans le pays d'Haoussa il tombe de la grêle d'une énorme dimension.

Braz a fait partie d'une expédition militaire contre Mariadi ; il s'y rendit en six jours de Katchina en passant par Zampara, Gatari, Carofi. Mariadi est une très grande ville, gouvernée par un sultan du nom de Dammari, qui est du sang des Filanis, mais en révolte contre le sultan de Socoto. L'expédition ne réussit pas, et après un assez long siége les Haoussas furent obligés de se retirer sans avoir pu prendre la ville.

Bien que le père de Braz soit de Zozo, il est lui-même né à Java, à trois journées de marche de cette ville, et il porte sur la figure les marques tatouées des habitants de cette partie.

KARO, AU BERNOU; MANUEL, A BAHIA.

Né à Angoumati, à cinq journées du lac de Tchad, à trois et demie de la ville de Bernou, à une distance peu considérable de Mandara et de Loggoni (Loggun). Il a été dans la contrée des sauvages Niam-Niams, aux environs de Booché. Ce pays est couvert de grands rochers. Les Niam-Niams se font dilater les lobes des oreilles au moyen d'un bois qu'ils passent dans une ouverture qu'ils y font (sans doute comme certaines tribus de l'Amérique du Sud.) Les femmes portent un morceau de bois dans la lèvre. Ils sont anthropophages. Le roi de Bernou cherche à les empêcher de manger de la chair humaine. Ils sont conformés comme les autres hommes, mais Karo a entendu dire que d'autres Niam-Niams avaient des queues. Il a été fait prisonnier à Damoutourou (dans le Bernou) par les gens de Haoussa, contre lesquels il faisait la guerre; il fut conduit à Kano, où il est resté deux ans; il passa ensuite par Yaouri, Gaski, Wama, Cayawa (dans le pays de Borba). Il entra ensuite dans le pays des Nagos et fut vendu à Eko.

—

DAMOUTOUROU, DE BERNOU.

Il sait parler le bernou et le haoussa ; il était cultivateur. Il a entendu parler de Begharmi, de Wadei (Wadi), qui est près de Tchad, de Mandara, etc. Tous ces pays sont, dit-il, tributaires de Bernou.

La capitale de Bernou se nomme Berni-Bernou ; c'est la résidence du roi. Cette ville est au sud-ouest de Tchad. Il est resté longtemps à Coucawa, qui n'est qu'à un jour et demi d'Angoumati (pays de Damoutourou).

Cet homme a, du reste, oublié presque tout ce qui a rapport à son pays, ce qui est facile à comprendre, puisqu'il est esclave à Bahia depuis plus de trente ans. Il est très irascible, et s'emporte lorsqu'on lui dit que les gens d'Haoussa ont fait la conquête de Bernou. Il dit que le sultan de Bernou est le plus grand souverain du monde.

—

ABA-HAMA,
SOLEMAN,
ALI.

Tous trois du Bernou, n'ajoutent rien à ce que je sais déjà. Ils étaient bergers, ont été faits esclaves à la guerre par les gens d'Haoussa. Ils sont à Bahia depuis peu, tremblent lorsque je leur parle et ne me donnent aucun détail. Tous sont venus par le chemin d'Eko.

—

ABOUBAKAR, NATION DES BEGHARMIS.

Né à Massaigné, sur les bords de la rivière Shary, qui se jette dans le lac de Tchad, à dix jours plus bas. Massaigné est à six jours de Loggun, ou plutôt Logguni, qui paraît être au-dessous de sa ville.

De Massaigné, on peut aller en dix jours, par terre, au lac de Tchad : c'est une très grande ville. Il part de son pays des caravanes pour la Mecque, qu'il nomme Maca. Il en a suivi une pendant une grande partie du chemin. En partant de Massaigné, il traversa les pays de Waddey, de For et atteignit Zambulma, qui est sur une mer salée très étendue, et où il vient des navires (la mer Rouge?) Il mit onze jours pour aller de Massaigné à Waddey; de cette ville à For (Darfour), deux mois, et de la capitale de ce dernier pays à Zambulma, quatre mois. Le pays entre Waddey et For est parsemé d'une foule de petites villes ; la route passe plusieurs cours d'eau, mais pas de grandes rivières. De For à Zambulma le pays est très sablonneux. On passe au milieu d'une nation anthropophage, et l'on traverse une très grande rivière qui coule vers l'est. Les habitants de ses rives se nomment Budumas. Ils ne sont pas anthropophages, et leur vêtement consiste en une peau de mouton qu'ils s'attachent autour du corps. Sur ce chemin il y a beaucoup de collines, mais pas de hautes montagnes comme celles du pays de Massaigné. Il a vu dans ces voyages des blancs, mais habillés en longues robes.

Aboubakar a été pris à Berni-Bernou, d'où on l'a envoyé à Kano ; il a été ensuite conduit à la mer par le chemin ordinaire d'Eko, pour y être vendu aux blancs.

A Massaigné on parle la langue de Bernou, qui est aussi celle de Begharmi. Massaigné est tributaire de Bernou.

Lors de son voyage à Zambulma, il était fort jeune et accompagnait son frère qui avait une petite troupe de chameaux, avec laquelle il faisait métier de transporter des marchandises.

Les gens de Waddey sont dangereux et attaquent les voyageurs, ainsi que les habitants d'Iravo, pays situé entre Begharmi et For. Les gens de Waddey ne portent d'autre costume qu'une chemise très courte ; ceux de Begharmi ne sont pas tatoués ; ces derniers ont des fusils.

Nota.—Tous les mots de Darkulla, Donga, Kordofan, Darfour, Abyssinie, Nubie, Nil, etc., etc., sont inconnus à cet homme.

MAMMAROU, DE MOUNAO (BERNOU), PRÈS DE BEGHARMI.

Les gens do son pays ont trois lignes longitudi-
nales tatouées sur le bras; il dit que ceux de Begharmi
en ont quatre.

De son pays (Mounao) à Begharmi, il y a trois jours
de voyage; de Mounao à Berni-Bernou, il y en a
quinze. Dans son pays, on porte le costume de Bernou.

Il y a des marchands blancs qui viennent du nord
avec des caravanes, et qui apportent des vêtements,
des armes, etc. Les principaux d'entre eux se nom·
ment :

Mouracko-Lemou,
Adjita,
Sheri-Poumanga,
Abotou,
Sheri-Bernana,
Sheri-Mesanko.

Il n'y a pas de grandes rivières dans son pays, mais
beaucoup de salines. Mounao est près de Mandara et à
une douzaine de jours de Loggun.

Cet homme a fait la guerre contre les nations sui-
vantes : Dagarawa, Damagara, Matchina, Boundi,
Badawa (gens de Badi), Perniski, etc.

Il a été en deux jours à Munga ou Mungara. Les
eaux de son pays se dirigent vers l'ouest. Begharmi

est au nord de son pays. Il faut un mois pour aller à Waddey. Il n'a jamais entendu parler d'anthropophages.

Son pays est couvert de très hautes montagnes, dont le sommet ne présente aucune végétation, mais il ne paraît avoir aucune connaissance de la neige. Il faut une quinzaine de jours pour traverser ces hautes montagnes. Il a fait ce voyage et est parvenu au pays de Gamou, où il n'y a pas de rivières, mais des puits très profonds (de 50 brasses, dit-il). Les habitants sont infidèles (ne sont pas mahométans); ils s'attachent une peau de mouton autour du corps. Il y a du même côté des montagnes une ville appelée Gouhtsoumi; puis vient le pays de Malumbri. Cet homme était soldat du Bernou et fut fait prisonnier à Zendey. On le fit passer par Chenchendi, Doga, Gerawa, Catogo, Quaya, Bogogo, Toca, Rouenki (où il y a une rivière qui va à Tchad), Kasaoray, Macoida, Madachi, Kano, etc.; puis, par Mandoubi, Bebejo; il traversa le Quarah à Gegui et vint s'embarquer à Eko.

Il donne le nom de Oitari à la rivière qui passe à Kano (Yeou).

Son pays est en paix avec Begharmi. Il dit qu'il a entendu dire que, dans les montagnes, il y avait des gens ayant des queues, mais qu'il n'en a jamais vu.

SO-ALLAH; DAVID, a bahia, du pays d'adamah.

Il est arrivé à Bahia depuis huit jours, et je ne puis lui parler que par l'intermédiaire de mon interprète Haoussa (Manuel). Il a été pris vers l'âge de dix ans dans le pays d'Adamah, par les Haoussas, et conduit à Booché, où il a vécu depuis en qualité de vacher. Il n'a quitté cette ville qu'il y a un an, pour aller à Urucuba avec un Filani auquel il avait été vendu. Son nouveau maître l'ayant envoyé avec des chameaux dans les bois, il s'enfuit, parce qu'il craignait d'être châtié pour avoir perdu un de ces animaux, et retourna à Booché; mais son ancien maître, craignant qu'on ne vînt le chercher, s'empressa de le vendre de nouveau à un habitant de Zozo (Zaria), qui l'envoya vendre à Eko. Il n'a pas été chez les Niam-Niams à queue, mais il dit que tous les gens de Booché les connaissent, et il a vu des enfants qui ont été amenés comme objet de curiosité par les expéditions qui ont été chez ces anthropophages. Ils avaient des queues; il les a vus et touchés. Ces enfants doivent être encore à Booché. Leurs queues avaient la grosseur et la longueur du doigt; ils pouvaient avoir de huit à dix ans. Il a entendu dire que ces gens étaient très nombreux.

A six jours de Booché, il y a la nation des Tangalais, qui mangent aussi de la chair humaine. En allant d'Adamah à Booché, on traverse la région boisée de

Lanchandon. De Booché à Urucuba', il n'y a que quatre jours de voyage. Les gens de ce dernier village sont anthropophages ; ils n'ont d'autre vêtement qu'une peau de mouton ou de chèvre, qu'ils s'attachent autour du corps.

Il avait entendu parler des blancs à Booché, et croyait qu'ils étaient anthropophages et qu'ils achetaient des esclaves pour les manger, mais il n'en a vu qu'à Eko, où il a été vendu.

—

MEHEMMET, HAOUSSA.

De Kano. Vieillard de plus de quatre-vingts ans, presque stupide ; il est à Bahia depuis soixante ans, et ne sait plus rien de son pays.

Il est d'un brun rouge, absolument semblable aux mulâtres ; il dit que cette couleur est assez commune dans son pays, et que les gens de cette race ne se mélangent pas avec les noirs. On leur donne le nom de Jato. Ce ne sont pas des Filanis. (Ce sont probablement des descendants des anciens Égyptiens.)

—

OSMAN, HAOUSSA; FRANCISCO, A BAHIA.

Natif de Shirah, près de Tachina. Il a été à Zozo (Zaria), d'où son maître l'emmena pour aller faire une expédition militaire, mais le premier fut tué à Java; alors Osman fut vendu et conduit à Asben. Sur ce chemin il passa par Rumah, Ansochia, Cura, Mandovi, puis il entra dans le désert et y dormit dix nuits; il atteignit ensuite la grande ville de Berningoga, qui est traversée par une rivière considérable qui va au lac de Tchad. Il passa ensuite par le village de Bungoundo, puis il dormit trois nuits dans une région où l'on ne voit que quelques huttes dispersées çà et là; puis il atteignit Caoura, grande ville qui est sur le bord d'un désert dans lequel il dormit pour atteindre, le lendemain, le village de Goura, et, deux jours après, la capitale de Socoto. Il passa ensuite par Cuari, Abdello, Gigani, Carmala, Koni, puis il atteignit la frontière du pays d'Asben, où il resta une année.

Il voyagea ensuite deux mois avec des chameaux pour atteindre la capitale du pays d'Asben, qui se nomme Agadass, et où il y a beaucoup de Maures. Il resta huit ans dans le pays d'Asben, il y entendit souvent parler de Bilma, où l'on va chercher du sel, et où, dit-il, il ne pleut jamais.

Il fit un voyage à la ville de Talata, dans le pays de Zampara, pour y acheter des noirs, mais il fut arrêté comme étranger et réduit en esclavage. Il fut conduit par Louangoura, Anka, Bernimbanaga, Bena, passa le Quarah à Acary, puis, le même jour, il alla dormir à Muragui. Il passa ensuite par Ilory pour arriver enfin à Eko, où il fut vendu aux marchands d'esclaves blancs. Il y vit pour la première fois un Européen. Il n'est à Bahia que depuis un an. Il a entendu parler d'Alger dans le pays d'Asben et lui donne le nom de Alalgi. Il sait que les Français s'en sont emparés. Il a entendu dire qu'ils étaient très braves, avaient beaucoup de fusils et apportaient de belles étoffes de soie, mais qu'ils étaient cruels et infidèles. Il n'a jamais entendu parler de Tombouctou.

A Asben, il y a beaucoup de grands et beaux chevaux ; on y boit beaucoup de lait de vache, de chameau et de mouton ; il n'y a presque pas d'armes à feu.

—

GRUSA, haoussa ; AUGUSTO, a bahia.

Natif de Zozo. Était esclave, n'a pas voyagé, fut vendu à un marchand allant à la côte ; a passé par Gabi, Bindinguari, Quetoro, Bakicaduna, Aquarijeni, Catchia, Sangocata, Daroro, Iguanguadara, Cafi, Minimbasa, Napai, Inquasalquel-Filani, Barua, Anguammagùgia (sur le Quarah, qu'il traversa), Jigui (également sur le Quarah), Ladey, Amacou, Charagui, Meperendocki, Ilori, Eko, où il arriva après un voyage de trente-cinq jours. Il avait été précédemment de Zozo à Socoto en trente jours.

Il a entendu parler des Niam-Niams à queue, mais n'a pas été à la guerre contre eux et n'en a pas vu : il dit, du reste, que *tout le monde* connaît ce fait.

—

MAHAMMAD, a haoussa ; MANUEL, a bahia.

Vieillard de plus de quatre-vingts ans, marabout. Il portait, ainsi que son père, le turban vert. Il est de Katchina. Il a été pris par les Filanis en allant vendre des esclaves. Il a passé par le pays de Quebo, après avoir traversé le Quarah à Guara. Il sait lire et écrire. Il a entendu parler de Tombouctou, qu'il prononce Tembouctou, comme d'une grande ville fort éloignée (c'est le seul nègre que j'ai eu occasion de voir qui connaisse ce nom). On donne, à Haoussa, le nom de Niam-Niams à tous les sauvages anthropophages. Il a entendu dire par les nouveaux arrivants que, depuis son départ de son pays (il y a près de cinquante ans), on avait découvert dans une région montagneuse, située au sud, de ces sauvages ayant une queue.

—

BOUÉ, a haoussa ; ANTONIO, a bahia.

Natif de Zozo. Il a entendu beaucoup parler des Niam-Niams à queue, mais n'en a pas vu. N'a jamais entendu prononcer le nom de Tombouctou. Il a passé sa vie à faire la guerre contre les pays suivants : Lava, Abaji, Toto, Pandaqui, Haussay, Kafi, Couguarou, Cabousu, Bernou, Baquagi, Yamba, Douchimanguiso, Panda, Ancoma, Mandara, Yemma-Guardi, Gerey, Caguarco, Yemma-Filani, Ouri-Yamba.

Il est venu à la côte par le pays des Tapas et l'Aschantie ; il a vu un blanc pour la première fois à Coumassie. Il avait été fait prisonnier à Nada, qui n'est qu'à une demi-journée de Booché, au sud. La rivière qui passe à Booché coule du côté de la mer (vers l'ouest). En allant à Mandara, il est parti de Socoto et a mis un mois en route ; l'armée avec laquelle il marchait dévasta le pays de Mandara, qui est très plat et marécageux. Il y a une rivière nommée Gourara qui se jette dans le Quarah.

GRISS, a haoussa ; QUACHO, a bahia.

Natif de Lavia, qui est situé près de Booché. Il a été parmi les anthropophages Niam-Niams, mais ils n'avaient pas de queue ; il a cependant entendu dire qu'il en existait d'autres qui en avaient. Dans une expédition dont il fit partie, on trouva des têtes d'hommes que les sauvages faisaient rôtir. Il y avait aussi un grand chaudron encore sur le feu et rempli de morceaux de chair humaine. Ces Niam-Niams des environs de Booché n'ont d'autres vêtements qu'une peau de mouton qu'ils portent autour des reins. Ils ont des troupeaux de chèvres et de moutons, et ce n'est pas la faim qui leur fait manger leurs semblables.

Cet homme parle la langue de Badah ; il était soldat et a fait la guerre contre Noungou, Quoro, Arago, Yasquoi.

—

MEIDASSARA, A HAOUSSA.

Natif de Kano, où il était vacher ; a fait partie d'une expédition militaire contre les Niam-Niams et en a tué plusieurs. Ils avaient des queues. Les jeunes enfants, en naissant, ont des queues d'environ deux pouces de long. Il a vu un homme qui en avait une d'environ 70 centimètres. En général, elle a moins d'un demi-mètre, elle peut avoir un pouce et demi de diamètre. Cette queue est lisse et noire. Ces gens sont du reste entièrement semblables aux autres nègres. Ils sont anthropophages. La queue n'a pas de mouvement, et ils ont des bancs pour s'asseoir, dans chacun desquels ils percent un trou pour laisser passer cet appendice.

Meidassara fit cette campagne sous les ordres du sultan de Kano en personne. L'expédition ramena trois Niam-Niams prisonniers à Kano. Ils y excitèrent la plus grande curiosité, mais le sultan avait ordonné de les vêtir. C'est la première fois que l'on épargnait la vie de ces malheureux. Il paraît y avoir quatre ou cinq ans que ce fait s'est passé.

En partant de Kano, l'expédition traversa Gerey et Baoourou. Cette dernière ville est grande et habitée par des nègres nus. Il y a beaucoup de chevaux, qui ne sont pas plus grands que de très petits ânes, et sur lesquels on monte en les enjambant de terre.

Les gens d'Haoussa eurent beaucoup à souffrir de la faim en traversant la grande forêt de Lanchandon.

Cet homme a été fait prisonnier lors d'une autre expédition contre Gerey, qui s'était révolté. Il a passé par Capi et Ilory, pour arriver à Eko, où il fut vendu aux blancs, qu'il voyait pour la première fois.

—

KIWA, de zampara; haoussa.

Zampara est à une journée de marche de Socoto. Cet homme est fort stupide. Il était laboureur. Il a été fait prisonnier à la guerre et envoyé à la côte par le chemin d'Eko.

—

IBRAHIM, DE BERNOU.

Son père était Bernou et sa mère Haoussa. Il a suivi son père dans un voyage vers l'est, sur la route de Meka (la Mecque). Dans une contrée appelée Cachéleaga, située au sud du pays de For et au milieu de hautes montagnes, il a vu des gens ayant des queues et qui étaient anthropophages. Il les a vus manger la chair d'un homme. C'était un voyageur qu'ils avaient reçu avec des apparences d'hospitalité, mais qu'ils tuèrent pendant la nuit, en s'introduisant par le haut de la hutte, qu'ils découvrirent à cet effet. Il donne à ces gens le nom de Niam-Niams.

Nota. — Ibrahim est un très jeune homme qui me paraît mériter peu de confiance.

—

HABDOU, A HAOUSSA; ÉLIAS, A BAHIA.

Natif de Kachina. A été à Uruma, Curvi, Mariadi, Curucu, Yaou-Wari sur le Goulubinduru. Il a été fait prisonnier à Curucu. Il a passé par Tambari, puis par le pays des Tapas, à Gigagui, Kafite, etc.

—

RESCOU, NATION UPEA.

Cette nation, qui se donne à elle-même le nom d'Upea, est appelée Coucoucous par les Haoussas et Roucouroucous par les Nagos; elle est toujours en guerre avec les gens de Rabah.

Rescou est natif de Moïga, grande ville à huit journées de Rabah. Il était laboureur et plantait des inams. Il a été fait prisonnier par les Haoussas à Moïga, puis il passa une grande rivière appelée Dilani, qui court vers l'est. Il n'avait jamais vu de blancs dans son pays.

Au sud de son pays, il y a de hautes montagnes habitées par une nation anthropophage du nom d'Eggba.

Le roi du pays d'Upea réside à Aéti, grande ville peu éloignée d'un lac fort considérable d'eau douce, et qui porte le nom de Achinmera. Les Upeas vont nus, avec une peau de mouton autour des reins. Ils sont idolâtres. Dieu se nomme chez eux Diaguerai. Ils n'ont aucune idée de l'immortalité de l'âme. Rescou dit qu'après la mort on jette le corps dans un trou, et que tout est fini. Le signe de cette nation consiste en quatre petits sillons longitudinaux sur le front : deux de chaque côté, dont les externes sont les plus longs.

Cet homme paraît très stupide; ses lèvres sont énormes et très avancées, et il n'a pas de menton.

BAGUÉ, TAPA.

Les Tapas habitent le pays de Nouffé. Bagué est natif de Rabah, grande ville sur le Quarah, qu'il nomme Odum.

Il donne la liste suivante des villes sur ce fleuve, en remontant en dessus de Rabah :

Rabah (rive droite), Berreh (id.), Tibadi (id.), Fangagui (id.), Mouchou-Foragui (gauche), Ossouagui-quencré (droite), Gueba (gauche), Lava (droite), Bojubo (?), Guesata (gauche), Loosi ou Loochi (droite), Buquadi (gauche), Buquaco (il y a deux villages de ce nom, tous deux du côté gauche ; l'un est grand et l'autre fort peu considérable), Yanquaday (droite), Decounay (gauche), Assunguy (gauche), Gibeigui (droite), Tchiggé (gauche), Tada (droite), Zaco (droite), Lâ (droite), Moulegui (droite), Patidgé (droite), Ipha (gauche), Toï (gauche), Pasua (droite), Igon (gauche), Pataché ou Bambeda (gauche), Bouengé (droite), Youman (droite), Pogui (gauche), Sabon (gauche), Dobogui (gauche), ensuite des forêts et de très petits villages.

Je crois que tous ces points sont peu éloignés les uns des autres, car il dit que l'on descend du dernier à Rabah en trois jours.

Il n'a jamais entendu parler de Tombouctou, de même que tous les nègres que j'ai vus (à une exception peut-être ?).

Il dit que le Chadda doit être appelé Tada, et Boussa Bounza. Suivant lui, Yaouri n'est pas immédiatement sur le Quarah.

MOHAMMAD-ABDULLAH, FILANI.

Ce vieillard, qui est à Bahia depuis une trentaine d'années, s'est libéré de l'esclavage par son travail, et suit aujourd'hui l'état de charpentier. Il a de l'instruction, et sait non seulement lire et écrire dans sa langue, mais encore en portugais. Il est, du reste, très intolérant, très fanatique, il cherche par tous les moyens à me convertir; et bien que je l'aie reçu le mieux possible, lui aie donné de l'argent, etc., il refuse de revenir chez moi, en disant à un autre nègre qu'il ne veut pas aller chez un chien de chrétien. Il peut avoir soixante-dix ans. Il était marabout et a fait le voyage de la Mecque. Il est de couleur chocolat et a des cheveux droits; il se moque beaucoup des nègres haoussas qui, dit-il, s'attachent au menton des barbes de bouc pour se donner l'apparence d'hommes.

Natif de Kano (Haoussa), il a suivi l'itinéraire suivant dans son voyage à la Mecque : De Kano à Daoura, quatorze jours dans le pays d'Haoussa; de Daoura à Boungoudou, sept dans des contrées soumises aux Haoussas; de Boungoudou à Kelawai, grande ville où il y a beaucoup de chameaux, vingt jours dans des

sables profonds; de Kelawai à la mer, huit jours; quatorze jours ensuite pour atteindre la Mecque. En tout,
avec les séjours, il ne mit, dit-il, que trois mois, bien
que les caravanes en mettent neuf.

Il est revenu par le même chemin. On voyageait sur
des chameaux très agiles, et en général on marchait
de nuit comme de jour, à cause du manque d'eau sur
la route (on était obligé d'en porter avec soi).

Avant d'arriver à Kelawai, on passe une très grande
rivière appelée Sada, qui coule vers l'est.

A quatre jours de cette rivière (vers l'ouest), on
passe de très hautes montagnes, dont les eaux sont
gelées pendant une partie de l'année. Il a été pris à
Katchina par les noirs d'Haoussa, contre lesquels les
Filanis étaient alors en guerre. Il vint à la côte par le
chemin d'Eko.

Cet homme, auquel je demande s'il connaît Tombouctou, hésite longtemps, puis me dit mystérieuse-
ment que c'est le nom de la Mecque, puis se reprend
et dit que c'est la ville que les Haoussas désignent
sous le nom de Baddah??? Il connaît le nom de Sobbo
et dit avoir passé, dans ce voyage, sur le territoire
d'Arna, mais au sud de la ville. Dans ce cas il aurait
voyagé vers le nord-est, et Kelawai pourrait être
Dongola???)

Il dit que l'on évite le pays de For à cause du
caractère hostile de ses habitants.

Du reste, ce vieillard n'a plus qu'un souvenir con-
fus de ce voyage, et il revient sans cesse à la foi de

Mahomet, qu'il appelle le fondement, et qui, suivant lui, est la seule chose de ce monde qui vaille la peine qu'on s'en occupe. Les nègres haoussas qui sont chez moi paraissent avoir beaucoup de vénération pour cet homme, et, à son exemple, se mettent à marmotter en chantant des versets du Coran.

VOCABULAIRES

DE

PLUSIEURS LANGUES DU SOUDAN.

Haoussa.	Filani.	Courami.	
Namisì.	Guarco.	Boura.	Je-ha.
Matché.	Derbo.	Bicha.	Se-jé.—
Yarro.	Bingué.	Bana.	Sa-oué.
Yarrinba.	Biderbo.	Bana bicha-ai.	Trousé-
Gingiri.	Quaningua.	Fi-oi.	Sa-oué:
Lóura-wa.	Fulbé.	(Inconnu).	Fateù.
Bachi.	Balijo.	(*Id.* se dit *homme.*)	Narach
Bachi yarra.	Binqué balijo.		Sa-oué
Carré.	Rawando.	Aguia ou Aquia.	Oué-yo
Mousouru.	Mousouru.	Couleu.	
Dooqué.	Foutchou.		Sgnass
Godia.	Pécha.	Cavala-bihai.	Sgnasa
Cai.	Orai.	Louara.	*Oui* ou
Gaché.	Cheurché.	Oupani.	Ai*hi*.
Gouchi.	Omey.	Liché.	Quisai.
Idanou.	Guité.	Ou-fo (appuyez sur l'*o*).	Perous
Guira.	Guiri.	Cao.	Douch
Guiran-idanou.	Cheurchen-guité.	Ani.	Persou
Anché	Oun.	Cana.	Ouerth
Baaqui.	Ouandouko.	Chinaka.	Gni.
Ako-ri.	Ni-é.		Zi.
Patam baqui.	Mo-birgo.	Sano.	Bergni
Gaim.	Bori.		*In*jor (
Coumatou.	Coumbé.		Tam.
Counné.	Nopi.	Couda.	Toum.
Ouia.	Dandé.		Tan.
Kirji.	Mabou.	Quina-i.	Dja.

Haoussa	Filani	Courami	
Hansa.	Biroyé.	Lou-oui.	Ban.
Chiqui.	Reido.	Enou.	Gnei.
Chinia.	Po-inhé.		Eda.
Chinchenkafa.	Quasengal.		Co da
Apa.	Quas-bé.	Loua.	Da.
Tafincafa.	Oobey-quasdey.		Tai da
Yasa.	Djenna.		Quio.
Babendacafa.	Bi-quasquel.		Boub
Annou.	Djingo.		Yubo
Damsay.	Djingo-mongai.		Tibo.
Annou.	Fepey-djingoi (fepey-djingoi.)		Tai-l
	Bi djingo.		
Jasa.			Tsé-l
Babenda-Annou.			
Parché.			Cuml
Allah.	Alli jomarawa-chanido.	Aleué.	Num
Asne ou *kafouri.*	Kefer-bey.	(Ils sont regardés eux-mêmes comme des idolâtres kafres.)	Ga.

Haoussa.	Filani.		Courami.
Ario-wa.	Oi-la.		
Coudou.	Cainaré.		
Guida.-	Ouro.		
Coopa.	Dammougai.		Arra.
Gado.			Nijou
Couquira.	Jodrigo.		(Inco[…]
Modouli.	O-yungai.		Yaro.
Alcoran.	Alcoran.		*Dhé-g*[…]
Cundi.	Cunde.		Gogn[a…]
Tacar-da.	Tacar-da.		
Adawa ou *dunco*.	Adawa.		Ja-a-[…]
Alcalami.	Alcalamijé.		Cati.
Aska.	Fimborqui.	Hilama.	
Guemo.	Gremt.		Jos o[…]
Berni.	Berni.		In *jor*[…]
Berni-carami.	Id.		*Jin.*
O farquida.			*Jin*-ar[…]
Dequico.	Dumbadi.		Doi-h[i…]
Mumuna.	Caludo,		Jercou[…]
Ba-bâ.			Bioum[…]
Carami.			Yon.
Bachidequas.			Onéga[…]
Quao.			Abi-se[…]
Serai.			Jer.
Yafai-mouni.			Jesera[…]
Baqui.	Baleja.		Jerbi.
Pari.	Lepi.		Jessir[…]
			Jabiou[…]

Haoussa.	Filani.	Courami.
Chudi.		Dafoi.
Algass.		Dafoi.
Rawaya.	Filawai.	Sabiour[…]
Ja.	Badejo.	Seguior[…]
Bachidansachi.	Ona-i.	Bachai-[…]
Magnioéchi.		Cheler.
China-déagé *ou* dzarou- mi.	Coloringa	Ingac.
Soro.	Oulai.	Coyon.
Maacourdi.		Potsau[…]
		Saurou[…]
Machiachi *ou* talca.		Cheuch[…]
		Igerac[…]
Aquia.		Buio o[…]
T[…]		[illegible]

Haoussa.	Filani.	Courami.	
Læma.	Laemage.		Yaquaı
Matchigi.	Boodé.		Soun.
Quivi.	Liugo.		Chai.
re). Zuma.	Djumri.		Ton.
Cooma	Raaga.		Chabia
Bango.	Bangaje.		Dji.
Gaingné.	Bafe.		Qui.
Caba.	Bali.	Toualou.	Tchou.
Oua *ou* ia.	Yaya.		Si tchc
Caca.	Mama.		Fungo
Cacata.			Culpit.
Canné.	Minia-wo.		Saiwé.
Oua.			
Canné-ouata.			
Babani.	Ca-ou.		Oué-qı
Bapagne.			
(De même que père.)	Id.		Jamé.
(De même que mère.)	Id.		Id.
Nama.	Teo.		Niam.
Massabi.	Cotchongué.		Guamı
Malam.	Modibo.		Malam
So-bo.	Neejo.		Chetap
en a Sania.	Nagué.	Ina.	Gather
up). Chanou.			
Lagami, quequeracomi.	Guelova.		Nia.
Guioua.	Nioua.	Bourara.	Dzon.

Haoussa.	Filani.	Courami.	
Jacqui.	Bumga.		Ionass
Alpaderi.	Alfaderi-je.		Alfad
Tacovi.	Tacovi.		Djang
Bindigua.	Pincaro.		Conja
on. Taguahai-bindigua.			Bô.
Acotia.			Concl
Ocangato.	Leviquequeng.		Chep
Alura.	Bata.		Bi.
Malopa.	Malepa.		Puit.
Riga.	Goudel.		Taro.
Tacalmi.	Padi.		Alca
Chiguifa.	Chiquifa.		Pann
Machi.	Labbo.		Teu.
Baca.	Fidelgal.		Gui.
Quivia.	Serqueyawal.		Zé.
Baimi.			

Haoussa.	Filani.	Courami.	
Dooché.	Airé.		Quiar.
Casa.	Quertogua.	Bougara.	Niou.
Quoï.	Eogi.		Quoin.
aux. Chiawa dooqué	Oudeul.		
Alcama.			
Itachendapara.			Bouro...
Madaqui.	Caora.	Pagama.	Madaq...
Sulqui.	Lanido.	Itili.	Pô.
Massara.	Massara.		Goulp...
Ofduga.	Otollo.	Liégé.	Toro.
Itaché.	Lê-dé ou lèque.		Qui.
Dajé.	Loiddé.		Foché.
Cogué.	Ourungo.		Cap.
Rapi.	Djuggua.		Fodiap...
Tapqui.	Padamagé.		Chitau...
Pataqué.	Pataqué.		Padaq...
Bawa.	Machido.	Burali.	Gan.
Dani.	Obiyo.		Oé.
Manja.	Manja.		Chicho...
Yaqui.	Yaqui.		Ua.
Ruan-saqui.	Bocorguol.		Arr.
Acouya.	Beawa.		Buo.
Soum-zaé.			Oueno...
Soum-sou.			Uban ,
Gaodi.			
Yao.	Handé.		Nilhé.
Gaubé.	Jango.		Laichi.

Haoussa.	Filani.	Courami.	
Jia.	Kaigna.		Jacari
Scouatarana.	Majummaqué.		Nomij...
Watagouda.	Unlebbé		Fé-w...
Chikragouda.	Dingouré.		Anka...
Aboki.	Iga.	Sara.	Dlovi.
Saroumi.	Saroumi.		Danda...
Mutua.	Maïdo.		Aitch...
Rai.	Yunqui.		Nome...
Chiwa.	Gnounga.		Lomé...
Karfé.	Djam-i.	Juman.	Yam.
Zeuaria.	Id.		Chanl...
Azurpa.	Bassettagi		Dijon...
Gatchi.	De même qu'en haoussa.		Sagio...
Abanchi.	Niamungay.	Alio.	

Haoussa.	Filani.	Courami.
Atichawa.		
Yanca.		Boua.
Rouboutou.	Lecido.	
Caratou.	Odjana.	
Chiso.		Aiya.
Mutua.	Maïdo.	
Cachi.	Oarimo.	
Aï-oi.		
Jeka-cacao ou Nema.		
Yas.	Deboja.	
Dapawa.	Cha-ai.	
Tachi.	Ou-a.	Cocui.
Barao.		Bicha.
Chave.		
Ouenki.	Lavoyé.	
So.	Oidimo.	
Pani-son.	Oidamo.	
Aoua.	Dyennayoe.	
Chipka.	Aoudi.	

Haoussa.	Filani.		Ouigini
Laya.	Go-o.		
Bi-ou.	Didi.		Batar.
Oco.	Tati.		Banam
Oudou.	Naï.		Boto.
Biat.	Djeuvi.		Botani.
Schidda.	Jevei-go.		Torfo.
Bacoï.	Jevei-didi.		Banara
Taquas.	Jevei-tati.		Berque
Tara.	Jevei-naï.		Cowi.
Gô-ma.	Sappo.		Bonocl
Gô-macha-daya.	Sappo-go-o.		Chafan
Gô-macha-bi-ou.	Sappo-didi.		
Gô-macha-oco.	Sappo-tati.		
Gô-macha-oudou.	Sappo-naï.		
Go-macha-biat.	Sappo-djeuvi.		
Go-macha-schidda.	Jevei-go-o.		

Français.	Haoussa.	Filani.	Conrami.	Java.
60	Sittinn.	Chapan-ijovi-didi.		
70	Savayin.	Chapan-ijovi-tati.		
80	Tamani.	Chapan-ijovi-naï.		
90	Chassa-ï.	Hemré.		
100	Dari.			
200	Meetim.			
300	Dari-oco.			
400	Arbamia.			
500	Tamisami-a.			
600	Sava-mia.			
700	Chisi-a.			
800	Daritaquas.			
900	Dari-tara.			
1000	Ali.			
2000	Doubou-biou.			
3000	Doubou-oco.			
4000	Doubou-oudou.			

EXPLICATION DES PLANCHES.

PLANCHE PREMIÈRE.

Carte d'une partie du Soudan, d'après les nègres esclaves à Bahia.

PLANCHE DEUXIÈME.

FIGURE PREMIÈRE.

Manuel (Mohamah), Haoussa: à la bouche la marque des Haoussas de Kano; sur les tempes celle d'Asben, d'où venait sa mère.

FIGURE DEUXIÈME.

Braz (Adam), Haoussa : marque de Java, pays de Zozo ou Zaria.

PLANCHE TROISIÈME.

FIGURE PREMIÈRE.

Homme du Bernou (Mounao).

FIGURE DEUXIÈME.

So Allah (David), du pays d'Adamah.

FIGURE TROISIÈME.

Homme de Shirah (Haoussa).

PLANCHE QUATRIÈME.

FIGURE PREMIÈRE.

Homme de Lavia (Haoussa).

FIGURE DEUXIÈME.

Joaquim Nago (Aboumassou).

FIGURE TROISIÈME.

Nation Upea ou Roucouroucou.

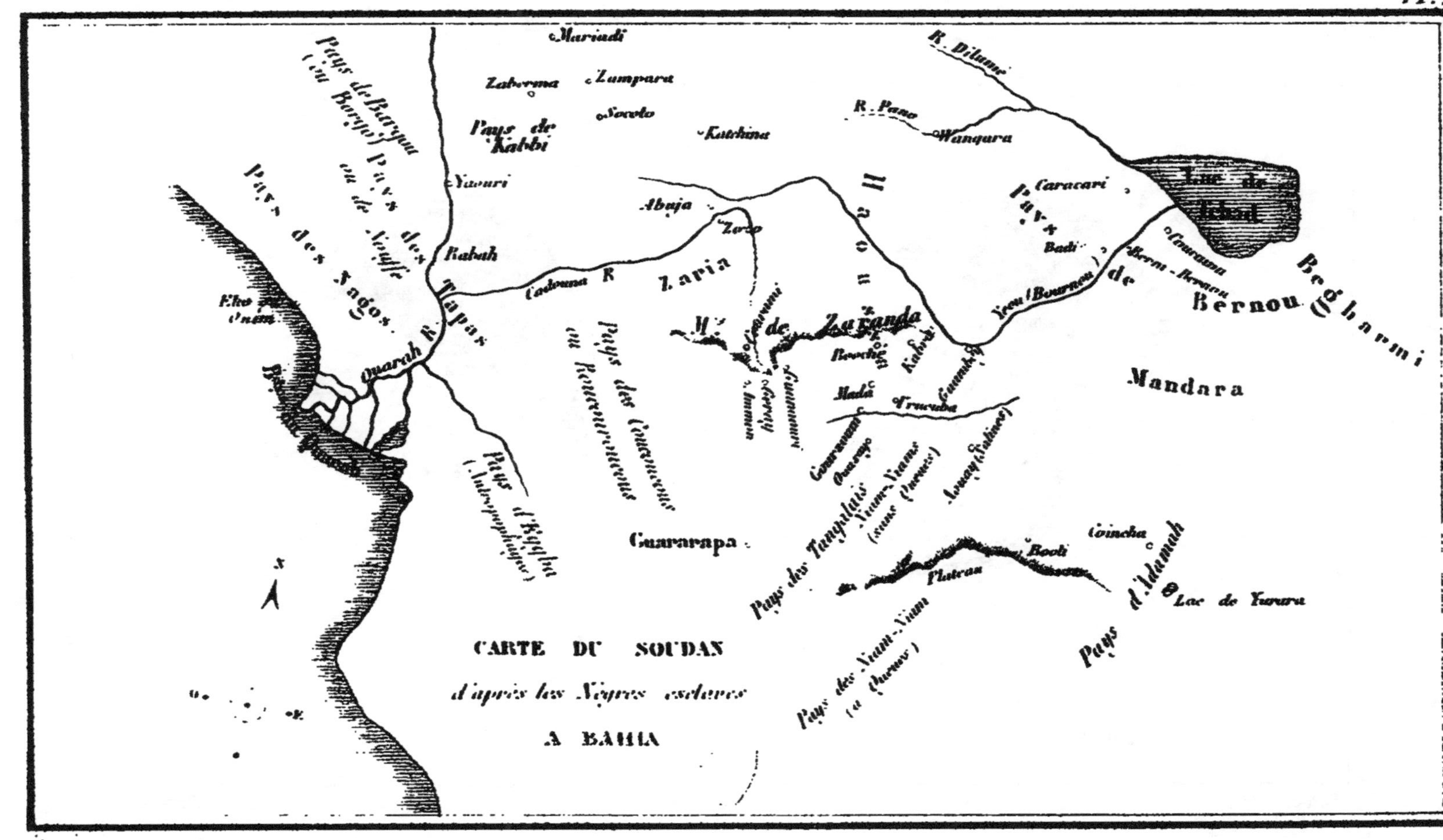

Pl. 1
R. Dilane
Mariadi
Zaberma
Zumpara
R. Pano
Socoto
Wanqara
Pays de Baryua
(ou Borgu) Pays des Noufé
ou de Noufé
Pays de Kabbi
Katchina
Caracari
Lac de Tchad
Pays des Yagos
Yaouri
Abuja
Pays
Badi
Saurana
Zoro
Berni-Bernou
Ebo
Onam
Rabah
Caduna R.
Zaria
H a o u
Berni-Bernou de
Tapax
Mandara
Ouarah R.
Mde de Zazanda
Yeou (Bournou)
Bernou
Begharmi
Bus
Pays des Coucoucous
ou Roucoucoucous
Goury
Guamann
Bouchi
Mdo
Kaboi
Guamby
Pays d'Egghu
(Antropophages)
Guanamui
Truvuba
Ouanqo
Garamam
Pays des Tanqalais
Niam-Niam
(sans Queues)
Guararapa
Aspay (Feti006?)
Coincha
Plateau
Booli
Pays d'Adamah
Lac de Yarura
CARTE DU SOUDAN
d'après les Negres esclaves
Pays des Niam-Niam
(a Queues)
Pays
A BAHIA

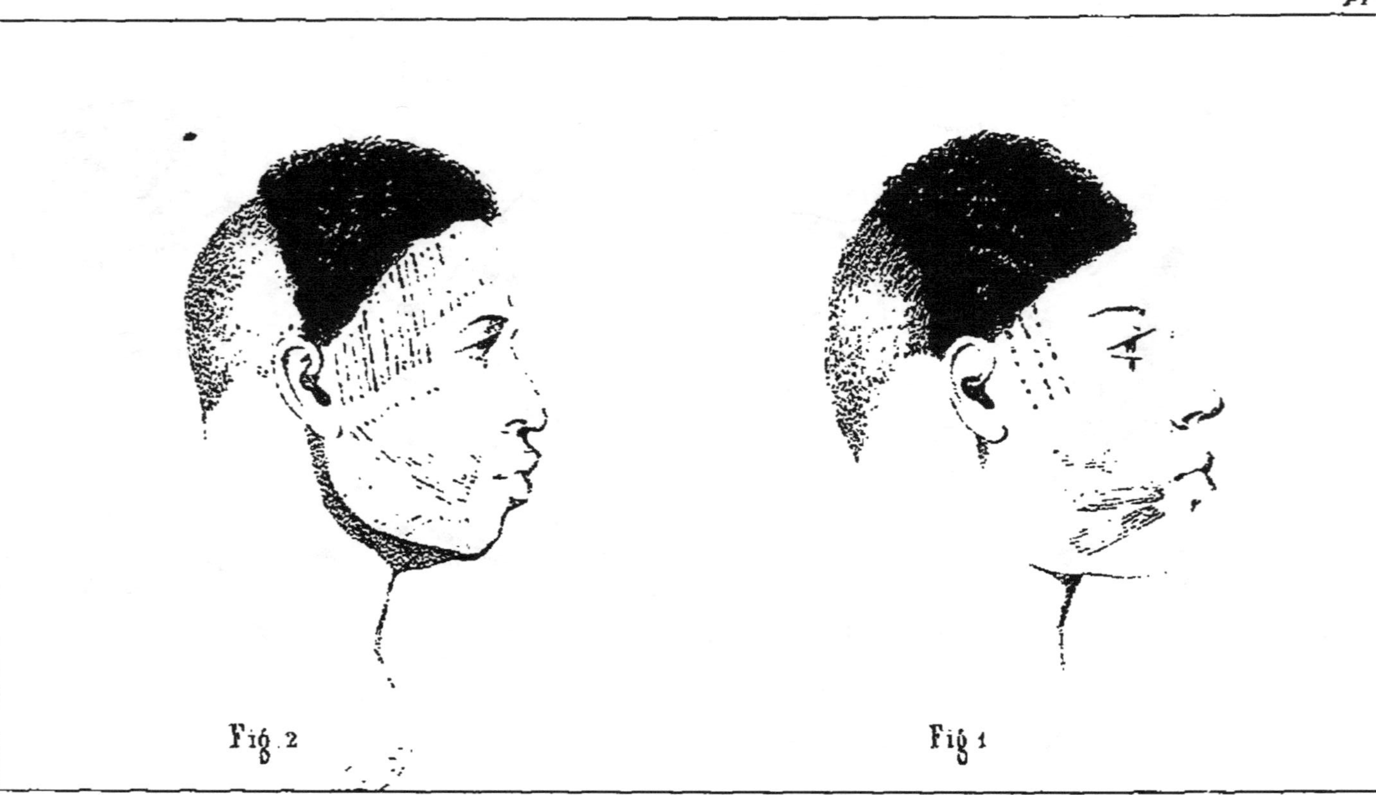

F. Pochel del.

Imp. Lemercier Paris

D. Bertrand E.t

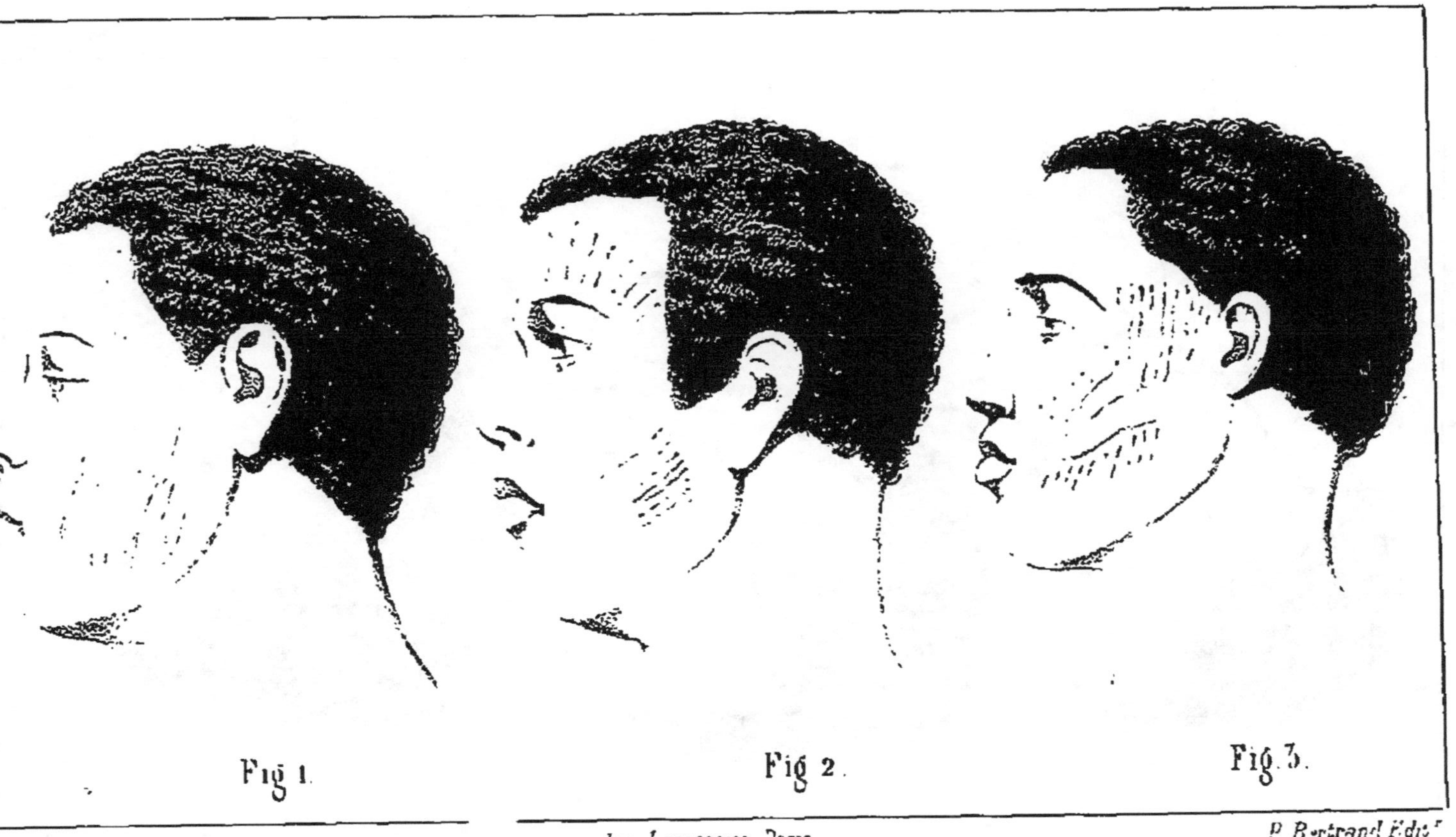

E. Pochet del.

Imp Lemercier Paris

P Bertrand Edit

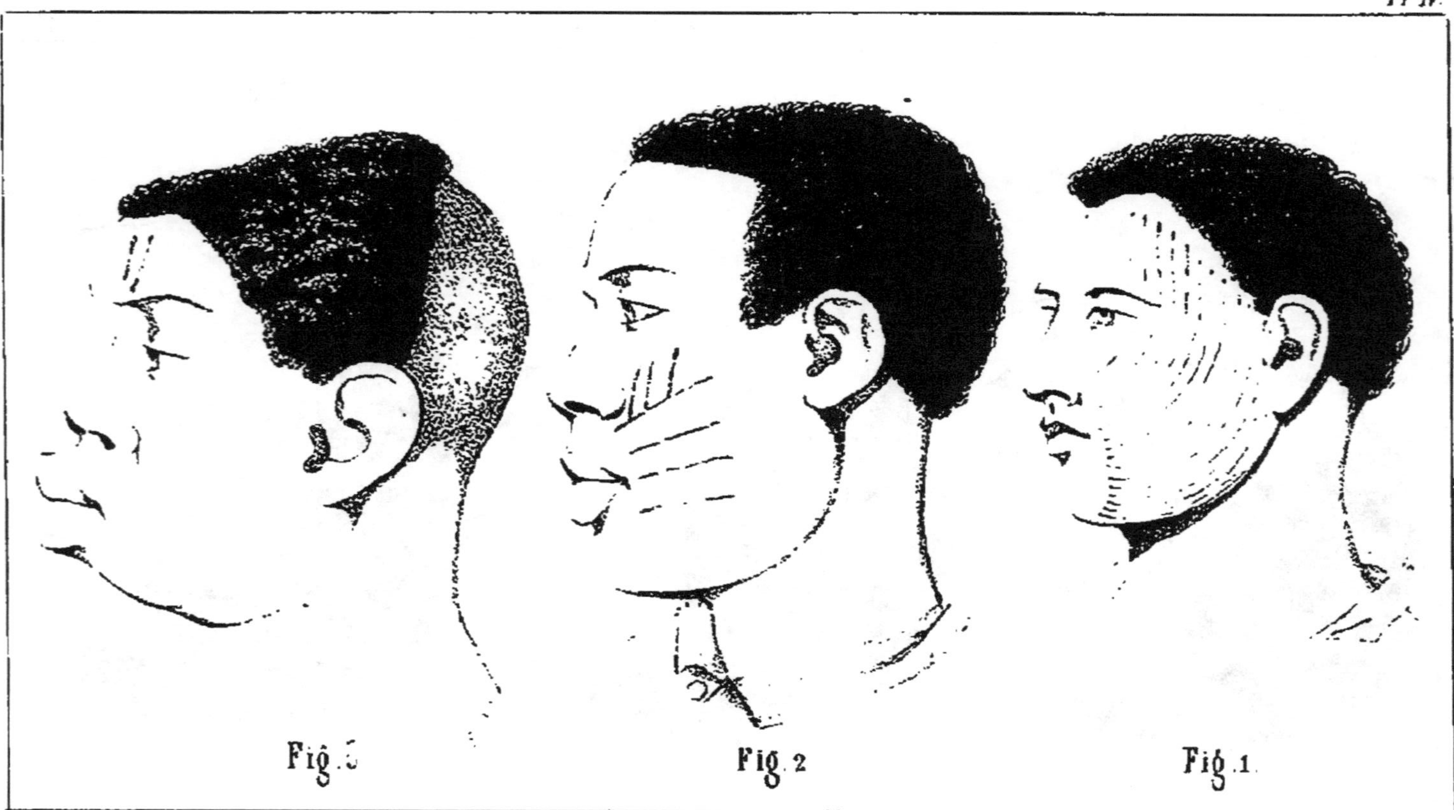
Fig.3
Fig.2
Fig.1

CHEZ LE MÊME ÉDITEUR :

ÉDITION DANS LES PARTIES CENTRALES DE L'AMÉRIQUE DU SUD, de Ric
neiro à Lima et de Lima au Para ; exécutée par ordre du gouvernement français pendant
nées 1843 à 1847, sous la direction de M. Francis DE CASTELNAU.

Ouvrage qui a obtenu une médaille hors ligne de la Société de Géographie et qui paraîtr
nq parties séparées, savoir :

Première partie : *Histoire du voyage*, 6 volumes in-8 avec carte (*tous publiés*). 45 fr.

Deuxième partie : *Vues et Scènes*, 1 atlas, avec texte, in-4 de 60 planches (*à publier de 1*
à 1854) en 6 livraisons, à 15 fr.

Troisième partie : *Antiquités des Incas et autres peuples anciens*, 1 atlas, avec texte in-
60 planches (*à publier comme le précédent*), en 6 livraisons à 15 fr.

Quatrième partie : *Itinéraires et Coupe géologique*, 1 atlas, avec texte in-fol., de 66 ca
gravées et coloriées (*à publier comme le précédent*), en 11 livraisons à 19 fr. 50 c.

Cinquième partie : *Géographie*, 1 atlas, avec texte in-fol , de 30 cartes gravées et colo:
(*à publier de 1853 à 1857*), en 6 livraisons à 35 fr.

AI SUR LE SYSTÈME SILURIEN DE L'AMÉRIQUE SEPTENTRIONALE , par M
ASTELNAU, 1 vol, renfermant la description de 48 genres et de 138 espèces, avec 27 pl., le
rand jésus, in-4. 25 fr.

AGE DANS L'AMÉRIQUE MÉRIDIONALE (le Brésil, la République orientale de l'1
ay, la République argentine, la Patagonie, la République du Chili , la République de Bol
République du Pérou), exécuté dans le cours des années 1826 à 1833, par M. ALCIDE D
ONY, docteur ès-sciences naturelles, chevalier de la Légion d'honneur, etc., membre de
urs Académies et Sociétés savantes, nationales et étrangères. Ouvrage dédié au Roi, publié
auspices de M. le ministre de l'instruction publique, et terminé en 90 livraisons d'un enser
620 feuilles de texte sur grand jésus vélin in-4. 415 planches de même format, et 18 ca
r grand aigle, etc., réunis en 7 vol. et 2 atlas. 1,200 fr.

Chaque partie se vend séparément comme suit :

CARTE GÉOGRAPHIQRE DE BOLIVIA.	20 fr.	INSECTES.	77 f
CARTE GÉOLOGIQUE DE BOLIVIA.	30	MAMMIFÈRES.	87
CRUSTACÉS.	40	MOLLUSQUES.	230
CRYPTOGAMIE.	40	OISEAUX.	151
FORAMINIFÈRES.	25	PALÉONTOLOGIE.	45
GÉOGRAPHIE.	75	PALMIERS.	66
GÉOLOGIE.	75	POISSONS.	26
HISTORIQUE.	331	REPTILES.	15
HOMME (L') AMÉRICAIN.	44	ZOOPHYTES.	23

On peut compléter chaque partie au prix de 1 fr. la feuille de texte, de 1 fr. 50 c. la plan
et les cartes dans la proportion de leur format.

HAMMED EL-TOUNSY (Le Cheykh). Voyage au Ouadây. Traduit de l'arabe par M. PERI
vec une préface par M. JOMARD, membre de l'Institut. 1 fort volume de 850 pages grand in
atlas d'une carte et de 9 planches. 15 fr.